AF311925

Collection de M. P...

— ❧ —

MODERNES

— ❧ —

VENTE

HOTEL DROUOT — SALLE N° 5

Le Samedi 9 Avril 1892, à 3 heures

———

COMMISSAIRE-PRISEUR	EXPERT
Successeur de Me ESCRIBE	*Près la Cour d'Appel*
Rue de Hanovre, n° 6	Rue de Châteaudun, n° 25

———

EXPOSITIONS

PARTICULIÈRE	PUBLIQUE
Le Vendredi 8 Avril 1892	Le Samedi 9 Avril (Avant la vente)
De 2 heures à 6 heures	De 1 heure à 3 heures

PARIS — 1892

IMPRIMERIE MAULDE ET RENOU

A. MAULDE & Cⁱᵉ

IMPRIMEURS DE LA COMPAGNIE DES COMMISSAIRES-PRISEURS

Rue de Rivoli, 144

COLLECTION DE M. P...

CATALOGUE

DES

TABLEAUX

MODERNES

PAR

Joseph Bail, Berchère, Berne-Bellecour, Cabanel
Léon Caille, F. Chaigneau, Corot, Crocagaert, Cortazza, Delort
Jules Dupré, Édouard Frère, Guillemin
Grolleron, Léo Hermann, Henner, Huber, Innocenti
Isabey, Charles Jacque
V. Lecomte, Petitjean, Roybet, Trouillebert, Émile Vernier
Veyrassat, Voillemot, Vollon, Weiss

FORMANT

LA COLLECTION DE M. P...

ET DONT LA VENTE AURA LIEU

HOTEL DROUOT — SALLE N° 5

Le Samedi 9 Avril 1892

A TROIS HEURES

Par le ministère de **Mᵉ G. DUCHESNE,** Commissaire-Priseur
Successeur de Mᵉ ESCRIBE, rue de Hanovre, 6

Assisté de **M. A. BLOCHE,** Expert près la Cour d'appel
Rue de Châteaudun, 25

Chez lesquels on trouve le présent Catalogue

EXPOSITIONS

PARTICULIÈRE	PUBLIQUE
Le Vendredi 8 Avril 1892	Le Samedi 9 Avril (Avant la vente
De 2 heures à 6 heures	De 1 heure à 3 heures

PARIS — 1892

CONDITIONS DE LA VENTE

——

Elle aura lieu au comptant.

Les Acquéreurs paieront, en sus des adjudications, CINQ CENTIMES PAR FRANC.

Aucune réclamation ne sera admise une fois l'adjudication prononcée.

A. MAULDE et Cⁱᵉ imprimeurs de la Compagnie des Commissaires-Priseurs,
rue de Rivoli, 144   5oo—22go5

Désignation

TABLEAUX

BAIL (Joseph)

1 — *La Cuisinière.*

Elle est assise, vue de profil, avec un gros chat sur ses genoux qui lui griffe le bras. Elle regarde la vaisselle, les cuivres posés devant elle.

Beau tableau.

Signé à gauche : *Bail, Joseph.*

Toile : H. 0ᵐ70 ; L. 0ᵐ58.

BAIL (Franck)

2 — *Bouteille, Gobelet et Pommes.*

Signé à droite : *Franck Bail.*

Bois : H. 0ᵐ40 ; L. 0ᵐ30.

BAIL (Joseph)

3 — *A la Source.*

Dans une cour de ferme, près d'un vieux donjon, une paysanne vient remplir son baril d'eau.

Signé à droite : *Bail, Joseph.*

Toile: H. 0^m44 ; L, 0^m52.

BERCHÈRE

4 — *Une Rue au Caire.*

C'est le jour du marché, quantité de personnages à pied ou montés sur des chameaux, d'autres conduisant des ânes circulent ou sont arrêtés, faisant des provisions, causant entre eux. A droite, des consommateurs assis devant un café, fument de longues pipes. A gauche, une marchande d'oranges. Au fond, dans la rue qui s'étend en perspective, règne une grande animation.

Joli tableau.

Signé à droite : *Berchère.*

Toile : H. 0^m60 ; L. 0^m48.

BERNE-BELLECOUR

5 — *Le Pont du Navire.*

Un matelot assis sur les marches de l'escalier, mange la soupe ; un autre, près de lui, debout, fume la pipe en le regardant. Derrière eux, la sentinelle, l'arme au pied, vue de dos, regarde la côte qu'on aperçoit à l'horizon. Temps calme.

Tableau des plus fins.

Signé à gauche : *E. Berne-Bellecour.*

. Bois : H. 0^m47 ; L. 0^m55.

CABANEL (A.)

6 — *La Nymphe aux Cheveux d'or.*

Vue à mi-corps, les yeux levés vers le ciel, étalant gracieusement sa longue chevelure.

Belle étude portant en haut cette intéressante inscription :

Je certifie que cette étude est de la main de mon confrère Cabanel.

Signé : *V. Gérôme.*

Toile : H. 0^m36 ; L. 0^m21.

CAILLE (Léon)

7 — *La Jeune Mère.*

Une paysanne, assise devant l'âtre, regarde avec tendresse son enfant qu'elle tient sur ses genoux.

Signé en haut : *Léon Caille.*

Bois : H. 0^m12 ; L. 0^m08.

CHAIGNEAU (F.)

8 — *Troupeau de Moutons surveillé par le Berger et son chien.*

Dans une prairie avec bouquet d'arbres en perspective, horizon sans fin, ciel nuageux.

Signé à gauche : *F. Chaigneau.*

Bois : H. 0^m38 ; L. 0^m46

COROT

9 — *La Route du Village.*

Une paysanne s'éloigne, gagnant le village dont on voit la première maison ; à gauche, en bordure sur la route, une rangée d'arbres ; à droite, la lisière d'un bois qui s'étend en contre-bas ; au fond, perspective sans fin, ciel bleu un peu nuageux.

Note puissante et claire du maître.

Signé à gauche : *Corot.*

Toile : H. 0ᵐ33 ; L. 0ᵐ40.

CROEGAERT (Georges)

10 — *La Blonde.*

Représentée en buste, avec simple draperie de gaze blanche d'une légèreté indéfinissable, retenue au corsage par un bouquet de roses, laissant voir la gorge nue. La tête tournée vers la droite présentant un profil des plus charmants. Coiffée à frisures sur le front et chignon serré ramené sur le sommet de la tête avec quelques boucles rebelles sur la nuque. Touche des plus délicates, intéressante par l'effet de couleur et de relief produit avec des teintes sobres et pâles.

Signé : *Georges Croegaert, Paris, 1888.*

Bois : H. 0ᵐ31 ; L. 0ᵐ24.

CORTAZZO

11 — *Le Mariage des Infants.*

Devant un château xve siècle, un carrosse super-
bement attelé ramène les mariés et, à leur grand déses-
poir, ils se voient séparés l'un de l'autre, la jeune épou-
sée dans la voiture est confiée aux soins des abbesses et
le jeune prince est remis de nouveau sous le joug de son
sévère précepteur. Seigneurs et grandes dames prési-
dent à la séparation, les laquais en grande tenue obser-
vent avec curiosité; le grand lévrier seul semble
compatir à la peine des jeunes mariés. Tous les personnages sont en costume Louis XV.

Signé à droite : *Cortazzo.*

Bois : H. 0^m25; L. 0^m33.

DELORT

12 — *A la Fontaine.*

Sur une place d'une vieille ville d'Autriche, un officier général est arrêté devant une fontaine où son cheval se désaltère. A sa selle sont attachés un lièvre et
un faisan; il regarde en souriant une jolie petite servante qui s'en va d'un pas très sûr, malgré la neige et
le verglas, portant sur sa tête un vase de cuivre et dans
la main gauche une gourde de terre pleine d'eau. Très
joli tableau.

Signé à gauche : *C. Delort.*

Toile : H. 0^m46 ; L. 0^m32.

DUPRÉ (Jules)

13 — *Le Pêcheur à la ligne.*

Au bord de la rivière sillonnant à perte de vue, il est assis à l'ombre d'un arbre aux branchages noueux ; à droite une ferme, sur la rive opposée s'étendent des prairies avec des bouquets d'arbres. Ciel bleu un peu nuageux.

Œuvre précieuse par la vigueur de touche et l'impression si calme que vous donne la vue de ce charmant paysage.

Signé à gauche : *J. Dupré.*

Toile : H. 0^m36 ; L. 0^m5o.

FRÈRE (Charles-Édouard)

14 — *Coupe de bois à Écouen.*

Signé à droite : *Ch. Ed. Frère, 1880.*

Toile : H. 0^m7o ; L. 1^m00.

GUILLEMIN (A.)

15 — *La Partie de Dames.*

Composition de trois personnages en costumes Louis XVI d'une grande finesse de touche.

Signé à gauche : *A. Guillemin, 1851.*

Bois : H. 0^m41 ; L. 0^m32.

GROLLERON (P.)

16 — *Le Bivouac.*

Au milieu d'une grand'route en forêt, un capitaine, en tenue de campagne, s'avance appuyé sur sa canne, fouillant du regard les bois qui s'étendent à gauche. A quelque distance ses hommes sont groupés autour des feux, vont, viennent ou se tiennent debout, les mains dans les poches, suivant des yeux l'officier.

Signé à gauche : *P. Grolleron.*

Bois : H. 0^{m}22 ; L. 0^{m}15.

GROLLERON (P.)

17 — *En Observation.*

Un zouave assis sur un mur, son fusil couché sur ses genoux, regarde à droite dans la plaine.

Signé à droite : *P. Grolleron.*

Bois : H. 0^{m}16 ; L. 0^{m}12.

LÉO HERMANN

18 — *Le Bon Vin.*

Dans une cave où il y a une barrique au fond, des légumes entassés à droite, un jeune curé, debout, tenant une bouteille de vin de la main gauche, regarde en souriant de plaisir le verre d'excellent vin qu'il tient de la main droite. Petit tableau plein d'esprit.

Signé à gauche : *Léo Hermann.*

Bois : H. 0^{m}13 ; L. 0^{m}10.

HENNER (H.)

19 — *Révoltée!*

Tournée vers la droite, jetant un regard sévère trahissant toute la noblesse de ses sentiments indignés, une femme jeune et remarquablement belle, aux cheveux châtains à reflets d'or, tombant en longues boucles sur ses épaules nues, la gorge enveloppée dans les plis d'un manteau rouge.

Œuvre dans laquelle la puissance de la peinture le dispute au charme de la femme.

Signé à droite : *H. Henner.*

Toile : H. 0m50; L. 0m38.

INNOCENTI

20 — *Une Partie de piquet.*

Dans une salle rustique, deux paysans sont attablés faisant la partie, une bouteille moitié vide et un verre à côté d'eux sur la table. Le dos au feu, debout, fumant sa pipe, un autre paysan les observe dans une attitude un peu goguenarde ; une poule becquète ; sur la haute cheminée, des pichets, des chaudrons et au mur, dans une pannetière, des plats et des assiettes.

Œuvre remarquable par la finesse de touche, l'esprit des physionomies et la vérité d'observation.

Signé à gauche : *Innocenti.*

Bois : H. 0m66 : L. 1m10.

INNOCENTI

21 — *Après boire.*

Un superbe cavalier tout de rouge habillé, assis sur
un escabeau, ayant à côté de lui le flacon de vin d'Italie
qu'il vient de vider, le front enluminé, tenant sa pipe
dans la main droite et retenant son épée de la main
gauche, regarde presque avec tendresse une jolie fille
blonde, debout devant lui, qui parait toute troublée par
ses propos.

Signé à droite : *Innocenti, Paris 1889.*

Bois : H. 0^{m}27 ; L. 0^{m}35.

INNOCENTI

22 — *La Ronde des Amoureux.*

Autour de la statue l'*Amour bandant son arc*, jeunes
filles et jeunes gens en costumes Louis XV dansent une
farandole se tenant par la main et souriant entre eux.
Sur un banc une jeune femme pince de la mandoline.
Sous bois, effet de printemps.

Signé à droite : *Innocenti.*

Bois : H. 0^{m}50 ; L. 0^{m}75.

INNOCENTI

23 — *La Chasse aux Belles.*

Dans le parc d'un château, des jeunes gens courent
après des jeunes filles, au fond quelques-uns sont assis
sur le gazon près d'un jet d'eau. A droite, un petit lac
avec des canards.

Signé en bas : *Innocenti.*

Toile : H. 0^{m}48 ; L. 0^{m}70.

INNOCENTI

24 — *La Danse champêtre.*

A l'ombre de grands arbres, filles et garçons se livrent
au plaisir de la danse, aux sons de la flûte. Une paysanne
arrive par un sentier apportant à boire.

Signé à droite : *Innocenti.*

Bois : H. 0^{m}39 ; L. 0^{m}45.

INNOCENTI

25 — *Propos galants.*

Dans une pièce basse, assis devant une table, fumant
sa pipe après le repas, un soldat hasarde une proposi-
tion galante à la servante qui le regarde en souriant,
la main sur la hanche.

Signé à droite : *Innocenti.*

Bois : H. 0^{m}20 ; L. 0^{m}25.

INNOCENTI

26 — *Les Lavandières.*

Au bord d'un ruisseau coulant au milieu d'un petit bois, une jolie fille lave du linge. Près d'elle, vue de dos, une autre lavandière portant son baquet sur la tête.

Signé à gauche : *Innocenti.*

Bois : H. 0^m42 ; L. 0^m20.

INNOCENTI

27 — *La Danse au Cabaret.*

Pendant qu'un violoneux est monté sur un escabeau, un paysan et une grosse paysanne esquissent une bourrée à leur façon. Au fond, la cabaretière debout et des buveurs assis les regardent.

Effet de lumière, note originale dans la manière habituelle du peintre.

Signé à gauche : *Innocenti.*

Bois : H. 0^m32 ; L. 0^m40.

INNOCENTI

28 — *La Servante provocante.*

Dans une pièce rustique, debout les mains appuyées sur un tonneau, elle sourit avec force coquetterie à un personnage assis, le verre en main, en face d'elle.

Signé à gauche : *Innocenti.*

Bois : H. 0^m25 ; L. 0^m33.

INNOCENTI

29 — *Le Jaloux.*

Gentilhomme en costume Louis XIII, l'épée à la main, soulevant une portière, écoute anxieusement et cherche à voir ce qui se passe dans une pièce voisine.

Signé à gauche.

Bois : H. 0ᵐ 51 ; L. 0ᵐ 44.

INNOCENTI

30 — *Le Soudard.*

Après avoir vidé un cruchon de vin posé sur un tonneau, le vaillant à la longue épée, chaussé de grandes bottes toutes éperonnées, le chapeau sur la tête, enfoncé sur le front et la mine rubiconde, s'est endormi.

Signé à droite : *Innocenti.*

Bois : H. 0ᵐ 25 ; L. 0ᵐ 20.

INNOCENTI

31 — *Le Capitan.*

Debout, tourné vers la gauche, les deux mains appuyées sur son épée nue.

Signé : *Innocenti.*

Bois : H. 0ᵐ 18 ; L. 0ᵐ 12.

INNOCENTI

32 — *L'Antre du Sacripan.*

Assis sur un escabeau, le verre en main, déjà ivre, s'appuyant sur une table improvisée avec un tonneau, le sacripan compte ses exploits à sa maîtresse fuyant vers l'âtre où brille un grand feu. Quelques poules becquètent autour d'eux.

Signé à droite : *Innocenti.*

Bois : H. 0^{m}28 ; L. 0^{m}22

INNOCENTI

33 — *Le Printemps.*

Une jeune paysanne, à l'aube matinale traverse un pré fleuri.

Signé à gauche : *Innocenti.*

Bois : H. 0^{m}28 ; L. 0^{m}22.

INNOCENTI

34 — *L'Automne.*

Une jeune paysanne traverse un champ, portant des fagots dans ses bras.

Effet de soleil couchant.

Signé à gauche : *Innocenti.*

Bois : H. 0^{m}22 ; L. 0^{m}16.

ISABEY (E.)

35 — *L'Assaut.*

A travers la montagne, de toutes parts, l'armée assié
geante, cavaliers et fantassins en armures, drapeaux et
bannières déployés sont lancés furieusement vers une
ville forte en feu qui domine la montagne ; à droite,
sur un cheval blanc, un trompette sonne la charge,
partout règne un entraînement, un acharnement im-
pressionnants.

Œuvre remarquable parmi celles de ce genre connues
du maître.

Signé à droite : *E. Isabey*, 1868.

Toile : H. 0ᵐ83 ; L. 0ᵐ56.

JACQUE (Charles)

36 — *Coqs et Poules.*

Signé à gauche : *Ch. Jacque.*

Bois : H. 0ᵐ14 ; L. 0ᵐ22.

LECOMTE (V.)

37 — *La Brodeuse.*

Une jeune fille travaille à la lueur d'une lampe posée
sur une table couverte de fleurs, de tulle, de bobines
de soie.

Joli effet de lumière.

Signé à droite : *V. Lecomte*, 1889.

Bois : H. 0ᵐ32 ; L. 0ᵐ23.

PETITJEAN (E.)

38 — *Le Débarquement du navire.*

Un bâtiment est à l'ancre dans un port encombré de marchandises de toutes sortes et autour des chalands et autres bateaux.

Signé à droite : *E. Petitjean.*

Toile : H. 0ᵐ53; L. 0ᵐ48

PETITJEAN (E.)

39 — *Les Bords de la Seine.*

Environs de Paris.

Signé à droite : *E. Petitjean, 1888.*

Toile : H. 0ᵐ48; L. 0ᵐ67.

PETITJEAN (E.)

40 — *La Mare.*

Paysage des Environs de Fontainebleau.

Signé à droite : *E. Petitjean, 1889.*

Toile : H. 0ᵐ36; L. 0ᵐ48.

ROYBET

41 — *Le Tambour*.

Un personnage coiffé d'un grand feutre noir, en veste
et culotte de velours violet richement garnis, de galons
et de rubans, col blanc recouvrant les épaules, chaussé
de souliers de cuir gris clair à bouffettes de satin blanc,
débouchant d'une galerie et se dirigeant vers la gauche,
bat sur un grand tambour.

Signé à gauche : *F. Roybet*.

Bois : H. 0ᵐ40; L. 0ᵐ25.

TROUILLEBERT

42 — *Intérieur de Ferme*.

Signé à droite : *Trouillebert*.

Toile : H. 0ᵐ46; L. 0ᵐ20.

VERNIER (Emile)

43 — *Le Départ pour la Pêche*.

Au premier plan, deux pêcheurs poussent, pour la
mettre à flots, une barque monté par trois marins; au
fond, des barques à voiles en pleine mer.

Toile : H. 1ᵐ60; L. 1ᵐ25.

VERNIER (Emile)

44 — *Le Retour de la Pêche.*

Des pêcheuses reviennent à marée basse.

Pendant du précédent.

VEYRASSAT (J.)

45 — *La Rentrée des Blés.*

Dans un paysage des plus riants avec vue de ville en perspective on voit une charrue attelée de deux chevaux conduite par un laboureur et sillonnant les vastes champs qui s'étendent à droite. Au premier plan sur une charrette attelée de deux chevaux blancs un paysan charge les blés d'une meule élevée près d'un bouquet d'arbres longeant une route. On voit venir une femme portant une cruche sur sa tête ; à gauche s'étend une prairie émaillée de fleurs.

Charmant tableau dans une note très originale.

Signé à droite : *J. Veyrassat.*

Bois : H. 0m20 ; L. 0m30.

VEYRASSAT (J.)

46 — *Après la Moisson.*

Une paysanne, la fourche en main et deux paysans perchés sur une meule, passent les bottes de blé à un jeune gars qui les charge sur une charrette attelée de quatre chevaux. En perspective, la plaine, avec des meules de blé et des bouquets d'arbres.

Signé à gauche : *J. Veyrassat.*

Bois : H. 0m30 ; L. 0m39.

VEYRASSAT (J.)

47 — *Chevaux de halage et Conducteur au repos.*

Bord de rivière.

Signé à droite : *J. Veyrassat.*

Bois : H. 0^m^31 ; L. 0^m^40.

VOILLEMOT

48 — *L'Amour au papillon.*

Signé à droite : *Voillemot.*

Toile : H. 0^m^53 ; L. 0^m^43.

VOLLON (A.)

49 — *Aiguière d'or repoussé, Mandoline, Coupe de Venise, Morceau de musique, Roses et Bijoux sur une table.*

Beau tableau.

Signé à droite : *A. Vollon.*

Bois : H. 0^m^45 ; L. 0^m^53.

WEISS (G.)

5o — *La Belle Hôtesse.*

Deux cavaliers, débarrassés de leurs épées et de leurs manteaux posés près d'eux sur des escabeaux sont attablés et semblent ravis des propos qu'ils échangent avec la jolie cabaretière en costume fort coquet qui les sert. Elle tient un pichet d'étain en main et sourit bien gentiment. La pièce est ornée de cruchons, de flacons, de plats, d'assiettes, de bois de cerf, accrochés au mur et est éclairée par une fenêtre à gauche.

Tableau des plus fins de touche et d'esprit.

Signé à droite : *G. Weiss.*

* Toile : H. 0^m35 ; L. : 0^m3o.

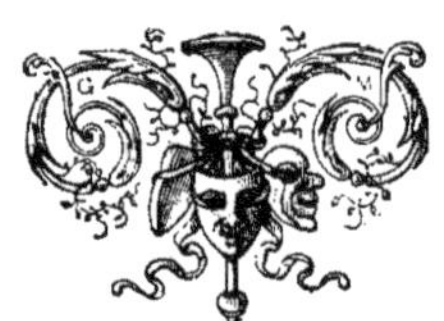

Collection de M. P....

TABLEAUX MODERNES

Carte d'Invitation

A

L'EXPOSITION PARTICULIÈRE
Du Vendredi 8 Avril 1892 de 2 heures à 6 heures

M⁰ G. DUCHESNE
Commissaire-Priseur
6, Rue de Hanovre

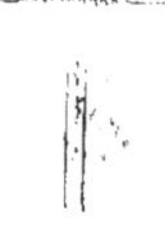

M. A. BLOCHE
Expert
25, Rue de Châteaudun

VENTE LE SAMEDI 9 AVRIL 1892, A 3 HEURES